AF224307

DES ROIS,

ET DE LA NÉCESSITÉ

DE CONSERVER NAPOLÉON

SUR LE TRONE DE FRANCE;

Par REDARÉS.

> Sua cuique satis placebant. Posteà verò quàm in
> Asià Cirus in Græcià Lacedemonii et Athe-
> nienses cepére urbes atque nationes subigére,
> lubidinem dominandi. Causam bello habere;
> maximam gloriam, in maximo imperio putare.
> Tùm domum periculo atque negotiis comper-
> tum est in bello plurimùm ingenium posse.
>
> SALL.

PARIS,

Chez
{ PLANCHER, rue Serpente, n° 14.
{ EYMERY, Libraire, rue Mazarine, n° 3o.
{ DELAUNAY, Libraire, Palais-Royal.
{ Tous les Marchands de Nouveautés.

1815.

DE L'IMPRIMERIE DE MADAME VEUVE JEUNEHOMME,
rue Hautefeuille, n° 20.

DES ROIS,

ET DE LA NÉCESSITÉ

DE CONSERVER NAPOLÉON

SUR LE TRONE DE FRANCE.

Nos troubles et nos désordres politiques sont le fruit de nos lumières, a dit Jean-Jacques (1); et cette vérité est prouvée par l'expérience de tous les siècles. Plus la civilisation nous fait connaître nos droits et notre puissance, plus nous devenons fiers, intéressés et méchans; et tels qu'un peuple égoïste, nous ne vivons que pour nous-mêmes.

Celui donc qui, le flambeau de la Philosophie à la main, vint arracher l'homme à son heureuse ignorance, prépara par cet acte téméraire la chute des vertus sociales, et rompit l'équilibre de notre bonheur et de notre tranquillité. La Grèce, heureuse et puissante sous ses dieux et ses légis-

____

(1) Discours sur l'inégalité des conditions.

1.

lateurs, vit, dès la naissance des sophistes, toute sa prospérité s'éclipser. Rome, l'école des mœurs et de la vertu, Rome périt par les mêmes causes, et naguère une nation illustre paya par un siècle de révolution la gloire d'être devenue philosophe.

Par quelle fatalité faut-il que l'âge des connaissances soit l'âge des troubles et des malheurs ? Ne saura-t-on jamais détacher les lumières de la philosophie, de l'intérêt et des passions ? L'homme, pour garantir son pacte social, ne pourra-t-il un jour s'élever au-dessus de l'ambition et de la gloire, et faudra-t-il toujours payer l'avantage de notre perfection par la perte de notre bonheur ? (1)

Oh ! combien je chérirais la philosophie, si en éclairant les hommes elle les détachait de l'appât des richesses, et leur inspirait l'amour de la patrie ! Mais malheureusement ses lumières sont indépendantes des grandes vertus ; elles favorisent, au contraire, les désirs immodérés des hommes, et en laissant un libre cours à leurs inclinations vicieuses, elle les rend esclaves des plus brutales passions.

S'il est un âge critique pour les empires, c'est sans doute lorsque la philosophie vient détruire les préjugés des peuples et épurer leur connais-

---

(1) On ne peut arranger le cœur humain comme des notes de musique ; dès qu'on lâche la bride à ses passions, il s'y livre sans réserve.

sance naturelle; alors une effervescence terrible se manifeste dans tous les esprits, les opinions se croisent, les vices et les vertus se confondent , les passions se développent, et l'univers devient dans un moment le théâtre de toutes les horreurs.

Je ne chercherai point à prouver si la philosophie a été utile ou inutile à ma patrie ; je sais toujours que, depuis que nos novateurs nous en sont venus prêcher les maximes, nous avons été le jouet de tous les crimes et la proie de tous les maux.

Nos pères vivaient heureux et tranquilles sous leur chaume obscur ; ignorans, mais plus grands dans leur ignorance que nous au sein de nos lumières, ils avaient la sagesse de s'unir et de s'aimer les uns les autres. Loin de se livrer à de vaines théories et à des spéculations scientifiques, ils apprenaient dès leur naissance qu'ils avaient un Dieu à adorer, une patrie à défendre. La sphère de leurs connaissances ne passait point celle de leurs travaux. Ils étaient forcés d'être vertueux, parce qu'ils ne connaissaient que le bien : que manquait-il à leur bonheur? C'est alors que si des hommes, tels que les Socrate et les Aristide, fussent venus corriger les désordres du clergé sans attaquer la religion, adoucir le joug de la féodalité par des lois plus nationales, ils auraient donné à la France la splendeur de la

Grèce ; mais des êtres vains et superbes voulurent tout anéantir pour avoir l'orgueil de tout créer ; et pareils à ce fou qui brûla le temple d'Ephèse pour s'immortaliser , ils élevèrent leur gloire sur les débris fumans de leur patrie (1).

Vingt-cinq années se sont passées dans les plus horribles désordres ; j'ai vu mes cheveux blanchir dans les orages politiques ; j'ai vu mes concitoyens passer par toutes les extrémités des misères humaines ; et au moment où je croyais emporter dans la tombe l'espoir de leur bonheur, vaine illusion ! espérance trompeuse ! je lève ma tête courbée sous le poids de la vieillesse , et je vois l'univers se couvrir d'un crêpe funèbre, et la cruelle fille des combats anticiper par d'affreux carnages l'ouvrage tranquille du Temps. Quel démon excite les peuples à se dévorer les uns les autres ? Qui peut avoir irrité les maîtres du

-----

(1) Les philosophes modernes n'ont pas montré une grande connaissance du cœur humain, lorsqu'ils ont cherché à détruire nos institutions religieuses. Assez instruits pour connaître les préjugés des hommes, mais assez sots pour ne pas voir que ces préjugés font le bonheur de la masse commune, ils ont voulu faire un peuple de philosophes , comme si cela pouvait exister. Ils n'ont pas prévu qu'en donnant le code de la nature à suivre à des êtres qui, dès le sein de leur mère, sont façonnés par les passions , ils rompraient toute la digue qui soutenait l'ordre social.

monde contre nous? Est-ce pour contenter leurs caprices ou pour une courroie de terrain qu'ils vont faire égorger encore des millions de soldats? ou bien est-ce pour donner la tranquillité à l'Europe et assurer les fondemens de notre bonheur?

Écoute, peuple français, écoute un vieux républicain qui n'est séduit ni par l'or, ni entraîné par aucun parti, et qui, élevé à l'école du malheur, ne saurait te parler que le langage de la vérité.

Le premier qui s'empara du pouvoir souverain, et mit ses égaux sous un joug tyrannique, fut un usurpateur qui viola les droits les plus sacrés de la nature, et rompit la douce chaîne de l'égalité qui faisait des hommes un peuple de frères. L'ambition qui suivit la marche progressive de nos lumières, mit bientôt des rois dans tous les pays, et quelques siècles suffirent pour voir toute la terre sous la domination des tyrans. Si ces tyrans eussent été animés de l'amour de ces peuples, et que leurs actions se fussent bornées à l'intérêt général, peut-être leur devrions-nous quelques services; mais, maîtrisés par l'ambition, et n'ayant d'autres vues que leur grandeur, ils oublièrent, pour satisfaire leur cupidité, qu'ils gouvernaient des hommes, et, au lieu d'être le sujet de leur affection, nous devînmes le jouet de leurs caprices. Jamais les rois ne gouvernè-

rent plus despotiquement que dans les siècles d'i-
gnorance. Les peuples alors, sans mœurs, sans
usages, incapables d'apprécier les vices et les
vertus, gouvernés par d'absurdes préjugés, et
n'ayant point encore l'idée de leur dignité, se
soumettaient aveuglément aux caprices de leurs
maîtres.

Alors les rois pouvaient voler, piller, détruire
les empires; leurs actions, quelque criminelles
qu'elles fussent, étaient érigées en vertus subli-
mes. Ainsi les premiers bouchers du genre humain furent élevés au rang des dieux. Alexandre
eut Jupiter pour père; César fut placé dans le
ciel; Pyrrhus, Attila eurent des statues, tandis
que les Solon et les Lycurgue furent ignorés.

Mais cet affreux despotisme disparut bientôt
dès que les peuples commencèrent à se connaître,
et les progrès de nos lumières furent le prélude de
la ruine du pouvoir absolu. La Grèce exila ses
maîtres dès qu'elle devint savante. Rome suivit
ses traces; et si Auguste parvint au titre d'empereur, si ceux qui le suivirent jouirent d'un
pouvoir éphémère, ils le durent plutôt à la crainte
qu'ils inspiraient, et à la faveur de leurs soldats,
qu'à l'amour et à la reconnaissance des peuples (1).

____

(1) Le despotisme ne peut exister que parmi des bar-
bares et à l'ombre de l'ignorance; un peuple policé ne
saurait soutenir long-temps un tyran.

Nous nous trouvons maintenant animés du même esprit que les Grecs et les Romains; nous ne soupirons qu'après notre indépendance et notre liberté; nous voudrions être tranquilles et exempts de tout pouvoir vexatoire; et quoique divisés par deux partis, les uns désirent les Bourbons, les autres Bonaparte, ce n'est ni Bonaparte ni les Bourbons que nous aimons, c'est notre propre intérêt; c'est lui qui fait la base de nos opinions et la règle de notre conduite. Cependant, trop méchans, trop égoïstes, trop gouvernés par d'intérêts différens pour nous accorder sous un état républicain, il nous faut un maître qui soit le point central où nos passions aillent expirer, et où nos vertus trouvent un refuge. Il est impossible, dit Montesquieu (1), qu'un grand Etat puisse s'ériger en république. L'Angleterre, après avoir essayé toutes les formes de gouvernemens, fut obligée de recourir à ses anciennes institutions; et l'on a vu la France faire refaire ses constitutions, sans être ni plus heureuse ni plus tranquille, et ne trouver d'harmonie nationale que sous le sceptre d'un souverain.

Si nous ne pouvons nous passer de rois, il est de notre intérêt, citoyens, de nous en choisir un qui, en montant sur le trône, nous garan-

----

(1) Esprit des lois.

tisse nos droits et notre indépendance. Il faut surtout qu'une constitution républico - monarchique l'attache tellement à la cause du peuple, qu'il ne puisse jamais, pour de vains caprices ou des vues ambitieuses, compromettre notre repos et nos propriétés. Dans cette grande circonstance, agissons en maîtres absolus de nos volontés, et travaillons pour nous-mêmes; que l'intérêt public ne soit point sacrifié à l'intrigue des cours; concourons tous à nous former un gouvernement stable, national, et, à l'exemple de l'Angleterre, mettons-nous à l'abri de l'ambition de nos maîtres; que surtout des hommes, étrangers à nos mœurs et à nos usages, ne se mêlent point de régler nos intérêts. Quel rapport a un souverain allié avec un citoyen français, si ce n'est d'être homme comme lui? Quel pouvoir a un congrès, je veux dire, un tas de ministres vendus à leur maître sur une assemblée nationale qui va s'élire un roi? Quelle folie que quelques hommes, enfermés dans un cabinet, statuent sur le sort d'une grande nation dont ils ignorent l'esprit et le génie! Mais non, ce n'est point sur la nation qu'ils délibèrent, c'est sur les passions et la vénalité de leur souverain. C'est le caprice et l'humeur de leur maître qui change, modifie et règle leurs décisions. Voyez-le, ce congrès, qui devait régler le sort des empires, et poser sur des bases inébranlables la paix et l'union des peuples , se chicaner pendant six mois pour un arpent de terrain , et sacrifier la cause générale à la passion de quelques ambitieux (1).

Cette passion de s'agrandir est devenue un vice héréditaire chez les potentats de l'Europe , et c'est aujourd'hui l'agent politique de tous les cabinets. Voyez combien les héritiers des spoliateurs du malheureux Stanislas ont renchéri sur les maximes de leurs ancêtres. La Prusse dépouille son voisin ; la Russie s'empare de la Pologne ; l'Autriche, toujours insatiable, met l'Italie sous le joug ; et l'Angleterre, après s'être formé deux royaumes sur le continent , place Louis xviii en France , comme elle établirait un comptoir dans les Indes, dans l'intention d'augmenter ses opérations commerciales. Tous sont entraînés par le même penchant , et il semble que la nature , qui modifie à l'infini le caractère des hommes, s'est plu à donner les mêmes inclinations aux rois.

Lorsque l'on considère la conduite des souverains alliés, on ne s'étonne point s'ils s'opposent à ce que Napoléon soit notre empereur. Jaloux et

---

(1) On peut considérer le congrès de Vienne comme le marché des peuples. Ce marché existait depuis long-temps ; mais ce n'était que par correspondance et sous les ténèbres de la politique que ses opérations avaient lieu ; maintenant on a cru nécessaire de le faire publiquement.

peut-être irrités contre un peuple qui en a humilié tant d'autres, et qui a moissonné des lauriers sur la surface de tout le continent, ils ne voudraient point que nos intérêts fussent entre les mains d'un héros et d'un grand génie; ils craignent que cet homme infatigable et profond n'éveille encore notre énergie nationale, et qu'à la suite de ce redoutable vainqueur nous n'allions détruire l'ouvrage de leur ambition, et mettre, comme ils devaient le faire eux-mêmes, les peuples et les rois asservis dans leurs droits et leur indépendance. (1)

La France, depuis vingt-cinq années de conquêtes, a déployé des forces si imposantes, elle a tellement montré sa supériorité aux nations, que, maintenant qu'elle est abattue par les revers, on veut profiter de sa faiblesse pour enchaîner ses forces et lui ôter ses moyens de défense. Les puissances de l'Europe, réunies pour nous vaincre, n'ont pas eu d'autre but dans leur entreprise. Penser qu'elles venaient nous donner la paix et nous

---

(1) On ne peut nier que Napoléon ne soit un ambitieux, mais il a cela de commun avec tous les rois; s'il a fait de plus grandes choses, c'est qu'il avait de plus grands moyens. Les alliés le craignent, je crois qu'ils ont raison : on ne s'amuse pas de se voir le jouet d'un conquérant. J'avoue que c'est bien malheureux pour eux que nous ayons de l'affection pour un homme qui peut si bien soutenir notre gloire et nos intérêts; mais ce n'est point une raison pour nous déclarer la guerre.

arracher à la tyrannie, comme elles le disaient elles-mêmes, ce n'est point connaître leur esprit jaloux. Quand même les souverains alliés auraient voulu mettre un peu de bonne foi dans leur conduite, l'Angleterre, cette éternelle ennemie du nom français, n'aurait-elle point traversé leurs intentions pacifiques par tous les détours de la ruse et de la fourberie ? L'expérience de bien des siècles nous montre assez combien nous devons peu compter sur l'esprit conciliateur de cette nation ; elle a dans tous les temps provoqué notre ruine et saisi toutes les occasions pour nous affaiblir. Nous ne devions pas nous attendre à de grands ménagemens de sa part, lorsque nous sortions de soulever les peuples contre elle, de la chasser de tous les ports, et de la forcer à mendier des protections. Avec quelle jalouse fureur n'a-t-elle pas vu la France la bannir de tout le continent ! Combien d'or n'a-t-elle pas prodigué et chez les rois et chez leurs ministres ! Que de ruses, que d'adresse n'a-t-elle pas mise en jeu pour rompre cette coalition qui minait sourdement son industrie ! Combien Buonaparte eût été chéri si, au lieu de l'humilier, il se fût rendu à sa cupidité ! Mais elle voyait dans ce grand homme un Scipion, incapable de se laisser séduire, qui avait juré la perte de Carthage, parce que de là dépendait le salut de sa patrie ; et dès-lors ils ont cherché à le détruire.

Mais Napoléon, vaincu par la trahison, rayé du nombre des souverains, et relegué dans une île déserte, ne suffisait point à leur haine; il fallait achever le grand œuvre, et mettre la France dans l'impossibilité de contrarier leurs vues ambitieuses; c'est pourquoi, après l'avoir réduite sans ménagement, ils cherchèrent à lui donner un roi qui pût énerver ses forces, et attaquer l'indépendance de ses citoyens. Et quel roi convenait mieux à leurs desseins que Louis-Stanislas, homme bon, pacifique, religieux, roi plutôt fait pour le ciel que pour la terre? c'est ce qu'il fallait pour abaisser notre orgueil national. Cependant, quoique venu sous une si mauvaise étoile, et que nous ne dussions le regarder que comme le cheval de Troie jeté sur nos bords, Louis n'en serait pas moins encore notre roi, s'il ne nous eût pas menacés de l'esclavage et de l'abolition de nos droits politiques. Fatigué de l'ambition de Napoléon, accablé par des malheurs qui en étaient la suite, le peuple français commençait à voir avec indifférence un homme qui agissait avec si peu de ménagement envers lui. La circonstance était favorable aux Bourbons; mais les Anglais savaient bien qu'ils n'en profiteraient pas, et s'ils les eussent crus capables de nous rendre tranquilles, ils se seraient bien gardés de les protéger. Nous vîmes bientôt combien leurs espérances étaient fondées. Dès que Louis-Stanislas prit les rênes du gouvernement, il regarda ses peuples comme des esclaves révoltés contre leur maître; il reconnut tout ce qu'avait fait la nation comme illégal, en datant son règne de sa dix-neuvième année; et par cet acte autocratique, qui est plutôt le fruit de l'ineptie de ses ministres (1) que de sa volonté, il réveilla l'ambition des nobles et du clergé; il révolta les amis de la patrie; il inspira la crainte aux trois quarts des citoyens, et nous fit soupirer après notre ancien maître; car enfin on aime mieux être malheureux dans la liberté que tranquille dans l'esclavage. On ne conçoit pas comment des ministres, instruits par l'expérience et le malheur, ont pu agir si inconsidérément sur une nation libre et éclairée. Comment n'ont-ils pas vu que nos lois et nos institutions étaient faites pour nos mœurs et pour nos usages, et qu'il était impossible de les attaquer sans provoquer de nouveaux désordres? Ils devaient s'estimer assez heureux, après vingt années d'exil et de misère, d'entrer dans la patrie qu'ils avaient délaissée, et d'y trou-

---

(1) C'est un vice héréditaire dans la maison de Bourbon de donner trop de pouvoir à ses ministres, vice toujours funeste à un souverain, et dont Louis en a fait l'expérience; car, quoi qu'en disent ses ennemis, on sait que ce roi n'aurait point commis de faute s'il n'eût pas eu des ministres et des neveux.

ver encore des honneurs et de la considération.
Loin de donner un libre cours à leur haine, ils
auraient dû oublier les écarts de quelques citoyens égarés, respecter l'ouvrage de la révolution, et affermir, en se conciliant l'estime du
peuple, le trône chancelant de leur bienfaiteur.
Lorsque le fils de l'infortuné roi d'Angleterre
fut appelé au trône par sa nation, il fut bien loin
de suivre des mesures si violentes; il respecta les
nouvelles lois que le bouleversement de l'Etat et
le changement des mœurs avaient fait naître; il
accabla ses sujets de bienfaits, et par cette conduite prudente il affermit la monarchie, que
Cromwel avait ébranlée. Mais il n'appartenait
qu'à des hommes sans philosophie, qui, ne comp-
tant pour rien les progrès de l'esprit humain, ne
sauraient calculer les moyens d'un peuple indépendant, de sacrifier la félicité nationale à l'intérêt
de quelques ambitieux; il n'appartenait qu'à des
hommes pétris d'orgueil, et animés par de folles
prétentions, de chercher à faire rétrograder l'esprit de leurs concitoyens, pour le misérable avantage d'avoir des esclaves sous le joug. (1)

La conduite incendiaire des ministres de Louis,
cette intolérable manie de ne rien pacifier, ni au

(1) J'aurais cru que les émigrés français auraient eu de
plus nobles sentimens, et qu'ils auraient sacrifié au repos
public des haines et des prétentions mal fondées.

peuple, ni à l'armée ; cette ridicule prétention de vouloir nous rendre encore esclaves de la féodalité ; cette espèce de folie d'enchaîner nos idées libérales ; tous ces grands moyens employés par l'ignorance, l'orgueil et la haine, pour avilir un grand peuple, ont causé la chute des Bourbons, et causeront celle de tous les rois qui oseraient agir comme eux.

La révolution française a opéré dans nos cœurs les mêmes changemens que dans nos institutions. Nous aimions la servitude, parce que nous étions enchaînés par des préjugés qui la faisaient chérir. La féodalité, le joug honteux que les prêtres mettaient sur nos consciences nous plaisaient encore, parce que nous avions pris l'habitude d'être esclaves du fanatisme et de nos seigneurs(1). Mais dès que nos lumières nous ont fait franchir l'espace immense qui se trouve entre l'esclavage et la liberté, nous n'avons vu dans la noblesse qu'un vain fantôme de grandeur à qui notre grossière ignorance prodiguait de l'encens ; et

----

(1) L'Ignorance est la mère du fanatisme et des préjugés. Si quelques hommes s'élèvent par leur génie au-dessus de leur siècle barbare, ils trouvent un vaste champ à leur ambition. Les prêtres n'ont qu'à se couvrir du masque de la religion, les rois de celui de la justice, et ils peuvent commettre toute sorte d'horreurs, sans que personne ne les accuse que leur conscience.

2

honteux d'avoir été les serviteurs de nos égaux, nous avons détruit toutes ces distinctions fastueuses; nous avons publié l'égalité, et nous nous sommes revêtus d'un certain air d'indépendance qu'il sera toujours funeste à un souverain d'attaquer.

Les alliés n'ont donc agi dans tout ce qu'ils ont fait que pour leur gloire, leurs intérêts et la perte de la France. Ils ont abattu Napoléon, parce qu'ils le craignaient, et n'ont mis Louis à sa place, que parce qu'ils espéraient que, dans les changemens qu'il ferait dans l'État, il en résulterait une réaction d'opinions, un trouble national qui anéantirait notre système politique, et nous plongerait dans une espèce d'inertie sauvage. Puisqu'ils en veulent à notre prospérité et à notre gloire, nous devons rejeter toutes leurs offres, protester contre toutes leurs démarches envers nous, opposer la force à la force, et nous unir, non pour les vaincre, mais pour leur défendre l'entrée de nos foyers. Nous saurons assez, sans leurs dangereux services, nous tirer de notre état d'anarchie, et détruire les tyrans, s'il en existait encore parmi nous. Mais, dans ce moment de crise, la tranquillité nationale demande un souverain : eh! qui mérite mieux de l'être que Napoléon? Les services qu'il a rendus à la patrie, son vaste talent, les intérêts qui nous attachent à lui nous le rendent nécessaire. Et quand même il serait un tyran, je ne sais pas s'il ne faudrait pas le conserver. Elevé dans nos troubles civils, nourri sous les drapeaux de la Liberté, c'est l'homme du peuple, l'héritier de la révolution, et l'enfant adoptif de la Patrie.

Effroi de nos ennemis, il a su toujours parer les coups qu'ils ont cherché à nous porter. Il a détruit les provocateurs de nos désordres, et son génie tutélaire ne s'est élevé au-dessus des événemens que pour être utile à la France. Il est vrai que, dans les dernières années qui ont suivi sa chute, il a agi en despote, et que sa vaste ambition lui a fait oublier ses devoirs. Mais il est toujours des momens où l'homme le plus sage s'oublie, et surtout au sein des prospérités. D'ailleurs, lorsqu'il conçut le projet de subjuguer le continent, c'était moins pour sa gloire que pour le bonheur de l'Europe. Il voulait réduire l'Anglais et l'obliger à publier l'indépendance des mers; ainsi on doit faire grâce à ses intentions.

Napoléon, en s'élevant à la dignité impériale dans le temps que les Français faisaient leurs efforts pour parvenir à la dignité d'un pays libre, a lié ses droits avec ceux de la nation; de sorte que l'on ne saurait l'éloigner du trône sans anéantir nos avantages politiques et notre gloire nationale; d'ailleurs, c'est l'homme qui détruit tous les partis, qui écarte toutes les prétentions, qui étouffe toutes les querelles, qui tranquillise tous les citoyens; c'est enfin le soutien du système de notre liberté.

La nation, jadis, reconnut bien tous les avantages qu'elle retirerait de son élection, lorsque pour apaiser nos discordes elle fut forcée de mettre le pouvoir souverain dans la main d'un seul. Elle le préféra à la race des Bourbons; quoique alors, libre de son choix, elle pouvait disposer du trône en leur faveur. Ces représentans le reconnurent tous pour Empereur; j'en excepte un seul, qui était le plus sage, et qui pensait qu'il y avait des titres moins fastueux qui convenaient mieux au libérateur de la patrie. (1)

Ce représentant, dont l'esprit indépendant fera époque dans les fastes de notre histoire, ne s'opposa à l'élévation de Napoléon, que parce qu'il craignait que les Français, après tant de sacrifices, ne retombassent dans la servitude. Le titre d'Empereur était à ses yeux trop près de la tyrannie, et il pensait que la puissance monarchique, quelque limitée qu'elle fût, finirait un jour par écraser les droits du citoyen. Ses idées étaient justes, mais il était impossible d'agir autrement.

____

(1) Carnot est l'homme qui fait le plus d'honneur à la nation française. Inébranlable dans les principes de justice, d'égalité et d'indépendance, il s'est toujours élevé contre les abus du pouvoir, et s'est montré le plus ferme appui du peuple. Il semble que dans sa conduite il ait pris pour modèle cet ancien Brutus qui délivra Rome du joug des Tarquins, et dont le génie ne s'occupa qu'à défendre la vertu, la justice et les lois.

Depuis le commencement de la révolution , on avait vu une série de formules constitutionnelles , qui n'étaient ni plus respectées , ni plus suivies les unes que les autres. Le gouvernement changeait de face à tous momens , et , à chaque mutation , ce n'était que nouveaux crimes , nouveaux désordres , nouveaux abus. Nous avons décrété une république , et jamais nous n'avons été gouvernés par ses sages lois ; c'étaient des tyrans, des hommes sans mœurs , qui se succédaient les uns aux autres pour prendre les rênes du gouvernement ; c'était les Sylla et les Marius se disputant les lambeaux de leur patrie.

Cet état de spasme fatiguait les Français qui , lassés de voir leurs intérêts entre les mains de quelques cannibales , demandaient à hauts cris un gouvernement tutélaire. Napoléon, en mettant toute la force du pouvoir sous un triumvirat, assura un peu la tranquillité publique. Mais ce triumvirat était susceptible de beaucoup de dangers. Trois hommes, divisés par des vues différentes , peuvent aussi bien désoler un empire que cinq cents tyrans. Jadis Antoine, Octave et Lépide mirent le monde à feu et à sang pour contenter leur haine particulière. L'état monarchique convenait donc mieux à la France, malheureuse et déchirée par des dissentions civiles. Là où il n'y a point de concurrence, il n'y a point de divisions ; et une monarchie, basée sur une constitution libre, et dont le pouvoir est balancé par le pouvoir national, n'a rien de révoltant pour le citoyen.

Ce fut donc pour la tranquillité de la France que ses représentans se déterminèrent à créer un Empereur, et ce fut dans ses mêmes vues qu'ils choisirent Napoléon. Car quoique les victoires de celui-ci et les services qu'il avait rendus à l'État lui donnassent la prééminence sur tout ce qu'il y avait d'illustre en France, ce ne fut point par acte de reconnaissance que le peuple français l'appela au trône, mais bien par la nécessité d'avoir un homme qui fût tout à lui, et qui ne dût point sa couronne à des titres héréditaires. Ce choix était d'autant plus utile, qu'il lui assurait son indépendance et l'inviolabilité de ses institutions nouvelles. Les Bourbons avaient bien alors des amis qui travaillaient pour eux; mais ces amis n'étaient point ceux de la patrie. En les rappelant c'était nous faire craindre les chaînes que nous venions de briser, c'était vouloir exaspérer tous les esprits. Les mêmes motifs qui nous faisaient agir alors existent encore; nous voulons conserver notre liberté, nos biens, nos lois; nous voulons écarter de nous toute discorde. Napoléon est là pour remplir notre but; c'est sous ses drapeaux, qui sont ceux de la nation, où nous devons nous réunir. Si son élection est utile à la tranquillité et à la prospérité nationale, elle est encore bien plus nécessaire pour en imposer à nos ennemis. Lorsque les alliés sacrifient le repos des peuples à de vaines spéculations de politique ; lorsqu'ils ne cherchent qu'à se spolier les uns les autres, et qu'ils ne rêvent que des projets d'agrandissement, que deviendrons-nous si nous étions gouvernés par un être faible, qui ne s'occupât point de la gloire et de la sûreté de la France. Napoléon a montré par ses actions combien elle lui était chère, et il a trop fait pour elle, pour douter de ses intentions. C'est bien ce qui indispose les alliés contre nous ; ils ne voudraient point que nous opposassions un ambitieux à leur ambition : ils voient avec une espèce d'indignation le vainqueur des Germains et des Sarmates reprendre encore les rênes de la France. Mais que nous importe ? Faut-il, pour leur plaire, être esclaves de leurs volontés ? Faut-il devenir leurs vassaux, et tenir notre pain de leurs mains avares ? Plutôt mille fois mourir que d'être humiliés, et de voir flétrir nos enfans du sceau de l'esclavage.

Si dans cette circonstance critique l'industrie est paralysée, ce n'est point Napoléon qui en est la cause, mais bien l'absurde conduite du continent. Pourquoi vouloir forcer une nation à suivre des lois qui ne sont pas les siennes ? pourquoi s'en déclarer l'ennemi, parce qu'elle ne veut point compromettre ni sa gloire ni sa liberté ? Nous ne sommes plus au temps où une république superbe imposait les conditions les plus humiliantes aux peuples vaincus. Nos lumières nous ont appris à fuir l'esclavage et le déshonneur ; et quelque fortes que soient les armées de l'Europe, elles pourront nous vaincre, mais jamais nous asservir.

Si la présence de Napoléon sur les bords français a suspendu nos opérations commerciales, sa présence peut leur redonner l'âme. Combien n'a-t-il pas mis d'émulation dans notre industrie? Avec quelle force il s'est appliqué à faire prospérer nos ports, à propager nos productions agricoles, et à relever nos manufactures? Sa conduite passée nous assure de sa conduite présente. On sait que lorsque nous étions en guerre avec toute l'Europe, il donnait une si grande énergie à notre commerce, que l'on s'apercevait à peine que les mers nous étaient interdites, et que le continent nous était fermé. (1)

Mais quoique Napoléon soit un grand homme, qui ait rendu des services signalés à la patrie; quoiqu'il soit nécessaire à notre bonheur, je ne veux point l'investir d'un pouvoir absolu, je désire qu'il soit Empereur, et non despote. Il faut

____

(1) Châteaubriant, dans un de ses pamphlets, a dit que tout ce qui s'était fait de beau, de grand et d'utile sous le règne de Napoléon, n'était point le fruit de son génie. C'est un reproche qu'il fallait faire à Louis XIV, et non à Napoléon.

qu'une constitution sagement travaillée lui assure la couronne ; mais il faut aussi qu'elle nous
assure de lui et de ses enfans, si jamais ils vou-
laient s'élever en tyrans. Une expérience funeste
nous a assez appris combien il est dangereux de
donner trop de latitude à un souverain, ét de ne
pouvoir réprimer son ambition et les écarts de
ses ministres. Le régent provoqua la révolution
par ses légèretés ; Louis xv la laissa mûrir par sa
négligence ; Louis xvi la fit éclater par sa faiblesse ; Napoléon l'avait finie par son courage,
mais son ambition la fit renaître : Louis xviii
pouvait tout apaiser ; ses ministres ont tout ré-
volté. Nous serions sujets à des millions de rois,
que, si nous ne pouvons les réprimer dans les
abus des pouvo.·s, nous en serons toujours
dupes.

Je ne chercherai point ici à développer le
système d'une constitution libérale ; mais j'obser-
verai, en passant, qu'elle doit être basée sur le
progrès de nos lumières, sur nos mœurs et notre
caractère patriotique ; que toute constitution
qui ne sera point établie sur ces convenances
nationales sera sujette à beaucoup de vices et en-
traînera à de grands désordres. Nous avons, par
exemple, travaillé depuis vingt-cinq ans à détruire la noblesse ; pourquoi donc cette manie
de vouloir toujours lui redonner l'existence ; de
créer des pairs héréditaires, et de faire renaître

encore cette blasonnerie, qui est le signe le plus honteux de l'esclavage de nos pères? Pourquoi l'homme à talent, qui aura rendu des services à la patrie, sera mis de côté pour faire place à un idiot, que dis-je, peut-être à un monstre dont le père aura été duc et pair? Les États ont leurs préjugés comme les religions, et le plus ridicule de tous, c'est sans doute celui d'anoblir une race; car enfin, la raison, si nous voulons en faire usage, nous dit assez que les peuples doivent être gouvernés par la justice. Le seront-ils, si les enfans des ducs et pairs sont des fripons et des voleurs? En vain on se fonde sur ce que les grands reçoivent une éducation convenable à leur rang; l'histoire nous apprend que Néron avait Burrhus et Sénèque pour précepteurs, et qu'il n'en fut pas moins un monstre. Nous voyons tous les jours les aînés des grandes maisons, fiers, insolens, déhontés, et n'avoir pour tout mérite que des titres et des priviléges. Je sais qu'un roi, qui ne veut point être isolé dans son empire et tenir seul ses titres de noblesse de la munificence nationale, se plaît à créer une hiérarchie parmi les citoyens, et croit trouver en elle un soutien dans les revers; faible ressource! Les rois, au point où sont nos connaissances, ne doivent chercher d'appui que dans la justice et les lois. Leurs vertus, leur sagesse, l'inviolabilité de leurs sermens peuvent seuls leur assurer l'estime des peuples. On a vu combien les nobles , qui possédaient toutes les richesses et tous les avantages de l'État , ont soutenu Louis XVI dans son malheur ! Ils ont mieux aimé s'exiler que de lui être utiles. Non seulement ils ont abandonné leur roi , mais leur patrie désolée. Ils ont laissé rouiller leurs épées dans leur fourreau , lorsque la France était couverte de sang et d'ignominie , et n'ont reparu sur ses bords hospitaliers que sous la tutelle de nos ennemis. (1)

Il n'est guère possible de prévenir tous les abus qui se commettent dans un État monarchique ; mais pour les rendre moins fréquens, il n'y a peut-être pas de plus sûr moyen que de donner à la chambre de nos députés un pouvoir , si non illimité, du moins égal à celui du souverain. Nos représentans sont les avocats de la nation et les pères des lois ; ils doivent avoir

---

(1) Nous ne sommes plus au temps où Bias, content de sa vertu et fuyant tout nu la Mort qui le menaçait , criait avec joie : *Omnia mecum porto.* Il est convenu maintenant que l'intérêt est plus cher que l'honneur et la patrie. On devine aisément, d'après cela, pourquoi un peintre moderne a mis dans un tableau du déluge un viellard cherchant à s'échapper du péril des eaux avec une bourse pleine d'argent. L'affreuse maxime que l'intérêt passe avant tout, avait été mise au rang des opinions probables par Escobar et ses disciples; c'est pourquoi les émigrés , qui étaient tous molinistes, ont mieux aimé conserver leur fortune que leur roi.

toute la force de la nation , et cette force doit toujours contre-balancer celle du prince. S'il est vrai que les rois sont faits pour les peuples , ils doivent se dépouiller de leur puissance, et se mettre pour ainsi dire dans le rang de citoyen, lorsque la chambre de ses représentans est en permanence ; ils ne doivent dissoudre cette chambre que lorsque le grand ouvrage de la tranquillité et de la sûreté publique est consommé ; encore je ne voudrais pas que ce fût en leur pouvoir de la dissoudre eux-mêmes.

O vous que la nation appelle pour défendre ses intérêts les plus chers! vous qui remplissez les fonctions augustes de pères de la patrie! électeurs, que ce jour est glorieux pour vous, qu'il est digne d'envie! Vous allez fixer le sort d'un grand peuple, et assurer le bonheur de vos concitoyens! Pour une si belle cause, sachez vous dépouiller de toute crainte ; que le sentiment de votre dignité et de vos devoirs vous mette au-dessus de l'intrigue et de toutes les perfides insinuations ; montrez-vous inébranlables dans vos sages desseins ; suivez l'immortel exemple de ce sénateur qu'Antiochus voulait corrompre ; décrivez un cercle autour de celui qui voudrait vous faire céder à l'ambition, et défendez-lui d'en sortir, qu'il n'ait souscrit aux vœux de la patrie. Songez que l'univers vous contemple, que la France attend de vous des lois qui assurent son bonheur, et que l'impartiale postérité toisera vos actions, pour les juger selon leur mérite. Et vous, dignes émules de ces citoyens respectables qui sauvèrent la republique romaine de l'ambition de Catilina, vous qui êtes les ministres de notre souverain et son plus ferme appui, que vos génies tutélaires veillent au salut de la France; mais que dis-je? Ai-je besoin de vous prier? ai-je besoin d'exciter votre zèle? L'amour sacré de la patrie ne vous a-t-il pas toujours embrasés? N'est-il pas encore votre passion dominante? Tous les instans que vous avez passés dans le tumulte de notre révolution ont été employés pour sa gloire et pour son indépendance. Si pour tant de bienfaits le Ciel ne vous a pas donné un trône, que vous auriez peut-être dédaigné, la reconnaissance vous en élève un dans le cœur de tous les Français. Peuples qui craignez encore les orages de l'ambition, dissipez ces craintes puériles; notre souverain, attaché par la force de la loi à la nation, ne s'occupera désormais que d'elle. Les idées gigantesques, l'esprit de conquêtes, la passion d'être le Roi des rois ne sera plus une de ses chimères; Empereur des Français, ce titre sera assez beau pour contenter son grand cœur. Pour nous, qu'une fatale épreuve a rendus plus sages, nous n'irons point vous tourmenter et envahir vos frontières, pour ajouter un fleuron à la couronne impériale. Persuadés qu'il n'est point de la dignité d'un grand peuple de sacrifier sa tranquillité pour la gloire des rois, ce ne sera jamais que lorsque notre prospérité et notre gloire seront compromises que nous oserons prendre les armes.

Entraînés sans doute par les mêmes penchans, fatigués de ces guerres meurtrières dont vous avez été les victimes, vous ne soupirez qu'après votre repos et la prospérité de votre industrie. Finissons donc toutes nos querelles, achetons la paix par le sacrifice de nos haines et de nos passions, et montrons-nous une fois sages aux yeux de l'univers. Cessez, souverains du monde, cessez de vous faire un devoir d'immoler les hommes pour de vils intérêts. Le règne de l'esclavage et de la barbarie est passé. Les nations savantes et policées demandent des maîtres humains et sages, qui mettent toute leur gloire dans la prospérité de la masse commune. Si vous continuez à nous mettre sous la glèbe, et à nous sacrifier pour de folles prétentions, craignez des citoyens qui commencent à connaître leurs droits et leurs avantages; craignez les troubles, les dissentions, la chute de vos empires, la perte de vos dignités. Eh! quelle affreuse manie vous fait trouver la gloire dans les guerres meurtrières et dans la lutte terrible des nations, tandis que mille chemins plus glorieux pourraient vous conduire dans la postérité la plus reculée, sous le titre précieux de *Pères du peuple !*

Celui qui passe sa vie au sein des vertus, et dont le génie ne s'occupe qu'à être utile au monde, jouit d'une gloire si pure et si solide, qu'en vain la faux du Temps chercherait à détruire, parce qu'elle a pour fondement la reconnaissance des hommes. Qu'a servi à Néron d'avoir été un des plus grands potentats de la terre ? Horreur de l'univers ! lorsque son nom vient frapper nos oreilles nous nous sentons pénétrés d'indignation, et le premier mot qui vole sur nos lèvres est pour le maudire. Mais si on nous rappelle le modeste Socrate ou le bienfaisant Titus, une joie délicieuse s'empare de notre âme. Nous nous retraçons en un instant les belles actions de leur vie ; nous les voyons travailler pour le bonheur des humains, et oublier leur propre félicité pour la félicité des peuples, et cet heureux souvenir nous remplit d'un enthousiasme, que toutes les forces de l'éloquence ne sauraient exprimer. Voilà le fruit de la véritable gloire ! voilà à quel prix, si l'immortalité a de charmes, vous devriez chercher à la mériter ! Pourquoi aimer mieux passer pour un Tibère que pour un Trajan ? Quel goût de préférer la passion dévorante de Pyrrhus, d'aller de ville en ville, de royaume en royaume, porter le carnage et la mort, et faire partout des malheureux ? Encore si les conquêtes portaient quelques profits au vainqueur, si son empire en devenait plus florissant ; mais, un philosophe l'a dit, et l'expérience vous le prouve, un conquérant est la perte d'un État, et la prospérité nationale se perd en raison directe de la grandeur de ses conquêtes.

Que ton sort serait digne d'envie ! que ton nom serait béni et révéré, ô toi, chef d'une nation à demi-sauvage, si, loin de soutenir la haine de quelques ambitieux, tu suivais les traces de ton illustre aïeul, et que tu renfermasses toute ta gloire à civiliser tes sujets, à faire fleurir les sciences et les beaux arts, et à propager les lumières dans ton empire ! Il est vrai qu'en éclairant tes peuples, tu les rendrais moins soumis à la tyrannie ; que tu n'aurais point sur eux cet ascendant vainqueur, ce pouvoir suprême qu'un esprit supérieur a sur des êtres faibles ; mais tu aurais l'avantage de ne point régner sur des esclaves, avantage inappréciable pour quiconque connaît le prix de la véritable grandeur.

J'ai cherché, dans le cours de cet ouvrage, à prouver que l'ambition des souverains causait tous les troubles et toutes les disputes élevés parmi les peuples : je n'ai pas eu l'intention d'attaquer la monarchie, mais bien le pouvoir absolu. Je voudrais que les hommes fussent persuadés qu'ils ne seront jamais heureux et tranquilles, s'ils ne parviennent à mettre un frein aux

passions de leurs rois. Je voudrais que dans ce
siècle de lumières on fût assez éclairé pour com-
prendre que rien n'est plus funeste à la prospérité
des nations que le goût de s'agrandir , l'esprit de
conquêtes qui anime les potentats (1). On ne
voit, dans tout l'univers, que des monceaux de
ruines qui sont le fruit de ces passions. L'Asie , le
berceau des sciences; l'Egypte, la législatrice des
humains; la Grèce, le foyer des lumières; Rome, la
mère des grandes vertus , n'offrent plus que de
tristes vestiges, qui ne semblent braver les injures
du temps que pour servir comme un monument
éternel de honte pour les héros et les rois. L'esprit de conquêtes est tellement meurtrier par
lui-même, que non seulement il détruit les empires, relâche nos mœurs, et nous fait pencher
vers la barbarie, mais qu'il porte la mort jus-
que dans le sein de la nature. Les belles contrées
de l'Asie et de la Grèce n'offrent que de vastes

----

(1) Dans le siècle passé on a cherché à tout appro-
fondir et à tout prouver, et l'on sait combien avec cette
manie on fabrique de systèmes qui ne prouvent rien. Un
auteur, dont le nom m'a passé de la mémoire , nous a
voulu persuader que les guerres étaient utiles à l'Europe.
Il apportait pour preuve que la procréation étant trop
forte, c'était un moyen pour la diminuer. Cet auteur avait
certainement des inclinations pour les conquêtes ; cependant je crois que c'était un philosophe. Cela ne prouve
rien : Frédéric l'était bien aussi.

déserts, où le génie et la raison ne sauraient trouver un admirateur. Mais tous ces exemples ne servent de rien ; on ne peut détruire l'ambition dans le cœur des despotes, puisqu'ils n'ont d'autres lois que leurs volontés ; il n'y a que la raison et la sagesse qui puisse faire autorité auprès d'eux, et ces deux vertus habitent rarement le palais de Rois.

Voyant donc la France entourée d'ambitieux, sur la justice desquels on ne peut guère compter, j'ai cru nécessaire de montrer à mes concitoyens que toutes les belles raisons avec lesquelles les alliés cherchent à justifier la guerre dont ils nous menacent, ne sont que des ruses de politique ; que leur ambition marche avant tout, que ce n'est qu'une haine particulière qui les détermine à faire égorger encore des milliers de soldats.

J'ai dit qu'il fallait opposer toute la force de la nation à leur téméraire entreprise, afin de la faire expirer sur nos frontières (1). Si j'ai appelé

____

(1) Je l'ai dit, parce que je crois que nos intérêts et notre honneur nous y engagent. Qui doute que, quand même ils auraient un Marc-Aurèle à leur tête, des soldats ennemis ne soient pas toujours dangereux pour un pays vaincu ? Qui ne croira point son honneur outragé dans cette apostrophe des puissances continentales : « Nous ne faisons point la guerre à la France, nous la

l'attention de mes concitoyens sur les droits de Napoléon au trône, ce n'est point que je le préfère aux Bourbons, ni que je préfère ceux-ci à la république; entièrement attaché à la patrie, et ne faisant des vœux que pour elle, de quelle main que vienne son bonheur, pourvu qu'il soit assuré, je suis content. Mais j'ai cru que Napoléon, élu par le peuple, dans les circonstances les plus critiques de la révolution, était vraiment le roi du peuple, et le seul qui pût réunir tous les esprits en conservant nos nouvelles institutions. Je vote son élection et je défends sa cause, non parce que c'est un grand génie, et encore moins parce que c'est un héros, mais parce que je le crois nécessaire à notre tranquillité.

Français, de quelle nature que soit votre opi-

» faisons à Bonaparte, etc. ? » Quel est ce Bonaparte, pour lequel on a une si forte antipathie? est-ce un brigand ou quelque monstre odieux ? Non, c'est le libérateur du grand peuple, le soutien de notre gloire et de notre indépendance, le vainqueur de nos ennemis, c'est enfin, pour n'en pas dire plus, un roi élu par des citoyens français. Pense-t-on, parce que ce roi a été déchu par la nation, que ses bienfaits ne sont pas toujours présens à notre mémoire ?

Quoi ! jadis un sultan donna l'hospitalité à Charles XII; un roi de France mit sous sa protection la misérable famille des Stuart, et le peuple le plus belliqueux et le plus brave ne saurait soutenir son bienfaiteur!

nion, je ne veux point ici ni les défendre ni les exalter, mais toutes ces discordes, tout cet esprit de parti doivent cesser quand le péril approche. Les intérêts de la patrie doivent marcher avant tout; nous plaiderons la cause des rois quand nous aurons gagné celle du peuple; c'est du moins la grande maxime des nations les plus illustres et les plus sages, et ce doit être celle de tout bon citoyen. Laissons dormir un moment nos haines, nos opinions et nos intérêts particuliers; unissons-nous pour opposer toutes nos forces à nos ennemis, et rendons-nous dignes, en quelque sorte, du titre de peuple libre et indépendant. Loin de nous ces lâches citoyens qui viendraient, par des discours insidieux, affaiblir notre enthousiasme! Naguère de vils magistrats nous arrêtèrent lorsque nous allions venger la cause de la patrie; leurs démarches, leurs promesses trompeuses attiédirent notre courage et causèrent notre première chute. Que le passé nous serve d'exemple pour l'avenir; ce n'est pas nous qui provoquons la guerre, nous sollicitons au contraire la paix. Nous voulons l'acheter au prix de vingt-cinq années de conquêtes. On ne veut point nous écouter, on nous méprise; c'est assez nous dire qu'on nous menace, et qu'il faut chercher à se défendre ou se préparer à l'esclavage.

FIN.